빙쿡
아웃도어

숲밧줄놀이편

방콕아웃도어 - 숲밧줄놀이편

발행일	2020년 12월 24일			
지은이	박병식, 방현수			
펴낸이	손형국			
펴낸곳	(주)북랩			
편집인	선일영	편집	정두철, 윤성아, 최승헌, 배진용, 이예지	
디자인	이현수, 한수희, 김민하, 김윤주, 허지혜	제작	박기성, 황동현, 구성우, 권태련	
마케팅	김회란, 박진관			
출판등록	2004. 12. 1(제2012-000051호)			
주소	서울특별시 금천구 가산디지털 1로 168, 우림라이온스밸리 B동 B113~114호, C동 B101호			
홈페이지	www.book.co.kr			
전화번호	(02)2026-5777	팩스	(02)2026-5747	
ISBN	979-11-6539-522-3 03690 (종이책)		979-11-6539-523-0 05690 (전자책)	

이 도서의 국립중앙도서관 출판예정도서목록(CIP)은 서지정보유통지원시스템 홈페이지(http://seoji.nl.go.kr)와
국가자료공동목록시스템(http://www.nl.go.kr/kolisnet)에서 이용하실 수 있습니다.
(CIP제어번호: CIP2020053366)

(주)북랩 성공출판의 파트너

북랩 홈페이지와 패밀리 사이트에서 다양한 출판 솔루션을 만나 보세요!

홈페이지 book.co.kr • **블로그** blog.naver.com/essaybook • **출판문의** book@book.co.kr

방에서 평창 숲을 즐기는 언택트 시대의 아웃도어

숲밧줄놀이편

박병식, 방현수 지음

북랩 book Lab

안녕하세요. 저희는 청소년활동으로 청소년이 행복해지기를 바라는 마음으로 국립평창청소년수련원에서 열심히 일하고 있는 청소년지도사들입니다. 국립평창청소년수련원은 다양한 청소년 수련거리 중 야외활동을 중심으로 한 수련거리들을 개발하고 보급하고 또 실제 청소년들에게 이러한 프로그램을 제공하고 있는 국립청소년수련시설입니다.

한창 수련원 활동을 하던 2018년, 어떻게 하면 청소년들에게 그리고 일선에서 활동하고 있는 청소년지도자들에게 다양한 야외활동에 관한 내용과 기술을 더 쉽고 빠르게 알려 청소년활동 현장에 적용할 수 있을까 하는 질문을 던지게 되었습니다. 기존에는 야외활동 분야의 전문연수를 개설하여 집합교육 중심으로 운영되어왔으나, 일선에서 불철주야 청소년을 위해 일하고 계신 많은 청소년지도자분들에게 설문조사를 한 결과 저희가 전문연수를 주로 운영하는 4월에서 10월까지는 많은 업무로 인하여 참가가 어렵다는 답을 들을 수 있었습니다. 그래서 시공간을 초월한 교육의 필요성을 느끼고 언제 어디서든 쉽게 야외활동을 배워 보자는 의미로 방콕아웃도어(방에 콕 박혀 배우는 아웃도어)라는 콘텐츠를 처음 선보이게 되었습니다. 숲밧줄놀이를 시작으로 캠핑, 트래킹, 자연활동 등 다양한 형태의 야외활동 콘텐츠 제작을 목표로 하고 있습니다. 부디 방콕아웃도어가 정말 쓸모 있는 콘텐츠가 되기를 바라는 마음으로 부족한 시간을 쪼개어(저희도 바빠요) 열심히 만들어가겠습니다. 여러분들의 많은 성원과 참여 부탁드리며 유튜브에서 국립평창청소년수련원 검색하셔서 '좋아요'와 '구독신청' 부탁드립니다.

차 례

PART 1

청소년활동과 숲밧줄놀이

청소년활동?

　청소년활동이란 '청소년기본법'에서 청소년의 균형있는 성장을 위하여 필요한 활동과 이러한 활동을 소재로 하는 수련활동·교류활동·문화활동 등 다양한 형태의 활동이라고 정의되어 있습니다. 그리고 우리가 함께 배워 볼 숲밧줄놀이는 청소년수련활동에 속한다고 볼 수 있습니다. 그럼 청소년수련활동에 대해 알아볼까요?

　청소년수련활동은 청소년이 자발적으로 참여하여 청소년기에 필요한 기량과 품성을 함양하는 교육적 활동입니다. 그런데 저는 청소년들이 수련활동에 자발적으로 참여하는 모습을 거의 보지 못한 것 같습니다. 대부분 학교 선생님 또는 부모님의 결정이 수련활동 참여에 큰 영향을 미치는 것 같습니다.

　청소년수련활동에 참여하는 대부분의 청소년들에게는 참여 동기가 부족합니다. 그래서 청소년수련활동을 주로 담당하는 청소년지도자들은 흥미를 굉장히 중요하게 생각하지요.

경험학습?

    청소년활동은 경험을 바탕으로 역량을 키워가는 활동이기 때문에 청소년에게 어떤 경험을 제공해야 할지를 항상 고민해야 합니다. 그렇다면 경험이 어떤 과정을 거쳐 역량 향상으로 이어지는 걸까요?

    경험학습이론을 최초로 모형화한 대표적 학자인 콜브(Kolb, D. A.)는 경험학습의 과정을 **네 단계 주기의 순환 과정**으로 ① 실제적으로 경험하는 구체적인 경험(Concrete Experience : CE), ② 다양한 관점에서 경험을 반추하는 성찰적/반성적 관찰(Reflective Observation : RO), ③ 이와 같은 성찰적/반성적 관찰을 이론으로 통합시킬 수 있도록 일반화하고 원리를 창출하는 추상적 개념화(Abstract Conceptualization : AC), ④ 학습한 것을 다른 구체적인 상황에 검증하는 행동적/역동적 실험(Active Experimentation : AE)으로 보았다고 합니다.

    '고기도 먹어본 사람이 더 잘 먹는다.' 라는 말을 다들 들어보셨죠? 처음 고기를 구워 먹는 사람이 있다면 그 사람은 고기를 얼만큼 익혀야 맛있는지 잘 모르는 상태일 겁니다. ① **(구체적 경험)** 일단 **고기를 구워 먹었는데 덜 익어서 맛이 없어요.** ② **(성찰/반성)** 그래서 생각하죠. **왜 맛이 없을까? 고기가 덜 익어서 그런가?** ③ **(개념화)** 아! 그럼 다음번

에는 **좀 더 익혀서 먹어봐야겠다!** ④ **(행동)** 그리고는 다시 고기를 얹고 아까보다 **더 오래 고기를 익혀서 먹겠죠?** 여기까지가 4단계 순환 과정입니다. 다시 고기를 먹어 보고 적절한 맛이 난다면 이제 '고기 맛 있게 굽기' 역량이 향상되었다고 말할 수 있겠죠?

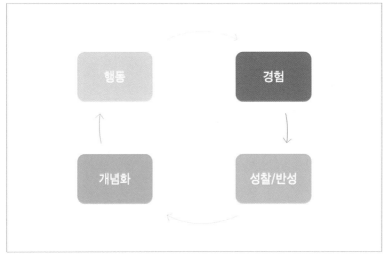

학습이 이루어지는 과정

숲밧줄놀이?

숲밧줄놀이는 이름에서 알 수 있듯이 세 가지 요소가 합쳐진 활동입니다. ① 숲(나무, 자연) ② 장비(밧줄) ③ 놀이(다양한 놀이)가 합쳐진 이름이지요. 숲밧줄놀이의 가장 큰 특징은 있는 그대로의 대자연 속에서 진행되는 활동이라는 점이고 계절, 시간, 숲의 구조에 따라 굉장히 다양한 활동들을 만들어낼 수 있는 점입니다. 이런 특징을 지닌 숲밧줄놀이를 통해 활동에 참여하는 청소년들은 자연스럽게 신체발달, 창의력, 응용력, 성취감, 소통과 상생을 배우고 나아가 자연을 아끼고 사랑하는 마음까지 배울 수 있는 굉장히 멋진 활동입니다. 지금부터 숲밧줄놀이가 왜 멋진 활동인지 알려드릴게요.

야외활동

대자연 속에서, 대자연을 이용해서 하는 활동이 바로 야외활동입니다. 그렇기 때문에 야외활동에는 대개 이런 특징들이 있습니다. ① 야외에서 진행된다. ② 모험요소를 갖추는 경우가 많다. ③ 신체활동을 동반한다. ④ 자연을 소중히 여긴다. 그럼 우리는 청소년들의 어떤 역량을 향상시키기 위해 야외활동을 하는 걸까요?

프리스트의 야외교육모델(Priest's model of outdoor education, 1998)을 보면 야외교육은 마치 나무의 생리를 보는 것 같습니다. 야외활동은 인간의 육감(청각, 촉각, 미각, 시각, 후각, 직감)을 통해 인지적, 정서적, 능동적 양분을 제공하고, 모험교육에서 중시하는 내·외적 대인관계를 배우게 합니다. 그리고 환경교육에서 중시하는 인간 거주 환경과 생태적 관계를 이해하고 해당 역량을 향상하는 데도 도움이 되는 것이죠.

야외교육은 크게 두 갈래로 나뉘는데, 그것은 모험교육과 환경교육입니다. 모험교육은 자신감, 성취감 등의 개인적 동기와 소통, 배려와 같은 대인관계를 향상하는 것에 목표를 두고 있으며, 환경교육은 나(인간)를 둘러싼 생태적 관계를 알아가는 것을 목표로 하고 있는 것이

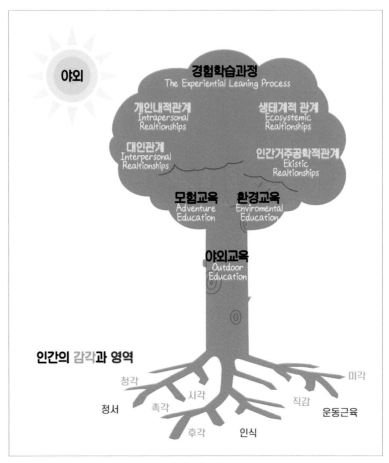

야외교육모델

죠. 그리고 모험교육과 환경교육을 통해 개인적/사회적 발달(역량향상)을 이루고 그 역량들이 개인의 육감에 다시 영향을 주는 순환이라고 볼 수 있겠습니다. 그런 관점에서 봤을 때 숲밧줄놀이는 모험교육과 환경교육을 아우르고 있는 가장 완벽한 활동이라고 자신 있게 말씀드리고 싶네요.

자, 이제 구체적 경험을 바탕으로 한 야외교육을 실천하기 위해 숲
밧줄놀이의 3요소를 배워 볼까요?

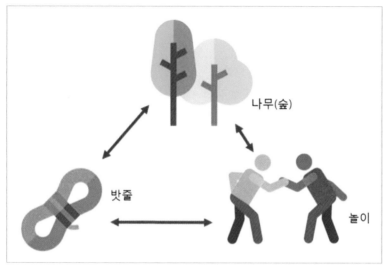

숲밧줄놀이 3요소

숲밧줄놀이 3요소의 상호작용을 통해 다양한 형태의 숲밧줄놀이를
할 수 있습니다.

PART 2

숲밧줄놀이 3요소
(숲, 장비, 놀이)

왜 숲으로 가는가?

자연공간이자 활동 장소인 숲에는 아이들이 자라면서 자기들 나름
대로 필요한 활동을 체험하고 스스로를 표현할 수 있는 기회가 많습
니다. 숲에는 우리의 감각을 제대로 발휘할 수 있는 체험거리들이 넘
쳐납니다. 숲 체험을 하다 보면 눈으로 보고, 코로 냄새를 맡고, 온몸
으로 느끼고, 귀로 듣고, 머리로 생각하여 깨닫는 지각능력이 절로 발
달합니다. 아이들은 자연스럽게 운동 능력을 마음껏 써 보고, 온갖 것
들을 찾아보고 만져 보면서 실험을 해 보고 싶은 마음이 생깁니다.

숲은 동물과 식물이 자연스럽게 살아가는 삶의 터전이라는 것도 직
접 겪어 알게 되고 불, 흙, 물, 공기와 같은 여러 요소들도 알게 됩니
다. 이처럼 살아 숨쉬는 학습 자료를 마음껏 가지고 노는 일이 아이들
에게는 더없이 재미있고, 그럴수록 재미있는 인상은 오래도록 마음에
새겨져 지워지지 않습니다.

아이들 발육과 발달을 촉진하는 개념을 자연 속으로 가져가서, 아
이들이 머리와 마음과 손을 다 동원하여 놀게 할 수 있습니다. 아이들
은 많은 비용이나 준비물 없이도 아주 간단하게 숲 속에서 놀 수 있습
니다.

숲에서는 영역이나 공간을 두고 다툴 필요도 없고, 시설 준비물이

있고 없음에 구애 받을 필요도 없습니다. 공간의 크기와 모둠의 크기, 심지어 소리의 크기까지도 별다른 제약이 되지 않습니다. 그러므로 숲에서는 간단한 방법과 저렴한 준비물들로 얼마든지 아이들의 감각 및 운동기능의 조화를 키워줄 수 있습니다.

※ 참고: 밧줄놀이1, 강성희, 피피엔(2012), Climbing max & swinging Mary (Forest rope play: Techniques for children and adults), Alexandra Schwarzer, pp.12~15

나무에 대해 알아보기

흔히 쓰는 넓은 의미로서의 '나무'는 어느 정도 이상의 높이로 자라며 잎이나 줄기가 달린 기다란 나무기둥이 있는 식물을 말합니다. 사전적인 의미의 '나무'는 목질의 기둥을 가졌으며 이 기둥이 길이뿐만 아니라 굵기로도 생장(2차 생장)을 하는 식물을 뜻합니다.

※ 참고: 나무위키(namu.wiki)

우리가 일반적으로 '나무'를 생각하면 잎이 넓은 활엽수에 아름드리 둥그렇고 키가 큰 나무를 떠올립니다. 우리가 살아가는 세상의 나무에는 굉장히 다양한 종이 있으며 이를 구분하고 분류하는 방법에는 키가 큰가 작은가, 잎의 모양은 어떤가, 뿌리가 깊은가 얕은가 등 다양한 방법이 있습니다.

이렇게 나무의 특성과 기본적인 구조의 이해가 바탕이 되어야 숲밧줄놀이에 적합한 나무는 어떤 나무인지 알 수 있습니다. 나아가 생태학적인 내용도 숙지해야 이 곳이 숲밧줄놀이의 활동장소로서 적합한지, 소나무 같은 나무 밑에는 왜 풀들이 덜 자라는지, 계속해서 같은 활동장을 사용해도 생태적 영향을 받지는 않는지 등에 대해 알아가면서 숲밧줄놀이를 더욱 잘 할 수 있습니다.

이번 단락에서는 숲밧줄놀이에 꼭 필요한 '나무'와 관련된 내용을 중점으로 알아볼까요?

나무의 이해

나무는 햇빛, 공기, 물, 필수적인 미네랄, 땅속과 위쪽으로 성장할 수 있는 공간 등 여러 가지 기본적인 조건을 필요로 합니다. 이러한 요구조건들이 충족되었을 때 나무는 생존하고, 자라고, 폭풍성장(번창)할 수 있습니다. 반대로 이러한 것들이 결핍되었을 때 나무는 생장이 더디거나, 고통을 받거나, 생존에 어려움을 겪을 수도 있습니다.

나무의 구조는 다음과 같습니다.

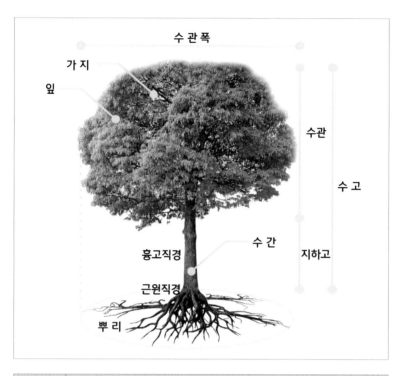

구분	내용
뿌리	나무가 흔들리거나 쓰러지지 않도록 고정하는 역할, 주변 토양이 유실되지 않도록 토양을 잡아두는 역할
수간과 가지	물과 영양분을 이동시키고 형성층의 세포분열로 가지와 줄기가 자랄 수 있도록 하는 역할
잎	햇빛 에너지에 반응하여 산소와 영양분을 만드는 광합성 과정이 이루어진다.
수고	나무의 높이를 말하는 것으로, 보통 지표에서 수관 끝까지의 수직 거리
수관	가지와 잎이 무성한 나무의 윗부분
수관폭	나무 가지 부분의 최대 폭
지하고	수관 아래 가지가 없는 수간의 길이
흉고직경	지표면에서 1.2m 지점 줄기의 직경
근원직경	지표면과 접해 있는 줄기의 직경

※ 참고: 산림청 산림입업용어사전(http://www.forest.go.kr)

　　　Tree Climber's Guide 3rd Edition(Sharon Lilly, ISA, 2005)

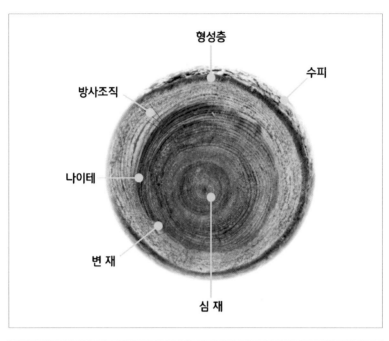

구분	내용
심재	수목 절단면 중심의 빛깔이 짙은 부분으로 생장이 일어나지 않는 죽은 세포들이며 물리적 기능만 유지한다.
변재	심재 바깥쪽 연한 부분의 살아 있는 세포로 수분이 많고 색이 심재보다 옅고 무르다.
나이테	줄기의 단면에서 관찰되며 대략적인 식물의 나이를 알 수 있다. 줄기에서 매년 유관 속 형성층의 활동으로 생긴다.
방사조직	물관, 체관 등과 직교하여 방사 방향으로 생기는 조직으로 물질의 이동과 저장을 담당하는 조직이다. 침엽수에 비해 활엽수가 훨씬 다양하고 복잡하게 발달한다.
형성층 (부름켜)	물관부과 체관부 사이(나무껍질 바로 아래)에 있는 살아있는 세포층으로 부피생장이 일어나는 곳이다. 형성층의 활동으로 식물 호르몬인 옥신이 나무 위쪽에서 아래쪽으로 이동하며 생장이 이루어진다.
수피 (나무껍질)	나무의 껍질은 나무를 보호하는 역할을 하고 있으며 이 부분에 심각한 손상을 입게 되면 병·해충으로부터 취약해진다.

※ 참고: 산림청 산림입업용어사전(http://www.forest.go.kr), 수목생리학(이경준, p.48)

숲밧줄놀이는 수간이나 가지에 밧줄을 걸고 여러 가지 방법의 매듭으로 하는 놀이입니다. 이 때 나무껍질 안쪽으로 가까운 곳에 있는 형성층(부름켜)이 손상될 경우 나무는 생장하는 데 어려움을 겪거나 심할 경우 살아갈 수 없게 됩니다. 그래서 숲밧줄놀이를 할 때는 나무의 손상을 최소화하기 위해 수목보호대를 사용해야 합니다. 또 가지나 수간이 숲밧줄놀이를 하기에 적합한 상태인지 살펴보아야 합니다.

광합성

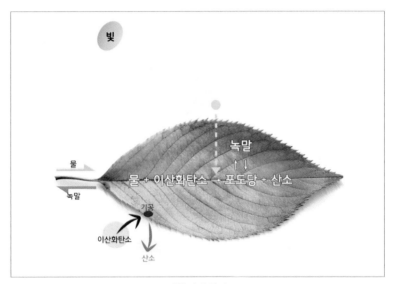

빛

녹말

물

물 + 이산화탄소 → 포도당 + 산소

녹말

기공

이산화탄소

산소

광합성의 원리

　식물은 나뭇잎 안에 육안으로 보이지 않는 '엽록체'라는 것을 가지고 있습니다. 그 엽록체에서 광합성이 이루어집니다. 광합성 과정에서 물과 이산화탄소를 흡수하고 빛에너지를 통한 반응에 의해 산소와 당분을 얻어 가지와 뿌리에 전달합니다. 잎 아래 기공을 통해 산소와 이산화탄소가 드나들며 공기 중 수분을 조절합니다. 이처럼 나뭇잎은 영양분을 생산하고, 증산작용과 공기정화의 역할을 합니다.

적합한 나무 찾기

나무의 상태 살피기

모든 활동의 기본은 안전입니다. 숲밧줄놀이의 안전사항으로는 장비뿐만 아니라 여러 가지 고려해야 할 사항들이 있습니다. 그 중 나무에 관련해서는 수간, 나뭇가지의 강도와 견고함이 중요합니다. 체중을 감당할 수 있을 만큼 굵기와 생육상태가 건강한 나무를 선별하는 것이 중요합니다. 나무가 건강한지, 스트레스를 받고 있는지는 주변 환경과 밀접한 관련이 있습니다. 나무뿐만 아니라 주변 환경을 함께 살펴봐야 합니다.

숲밧줄놀이를 하기에 적합한 나무

• 강도가 높은 활엽수

숲밧줄놀이를 할 때 특정한 나무를 활용해야 한다는 제한은 없지만, 침엽수보다 활엽수의 활용이 권장됩니다. 침엽수와 활엽수의 생장 방식은 조금 다릅니다.

활엽수는 잎이 넓은 나무로, 많은 양의 수분을 필요로 하고 수직 방향으로 물관이 발달합니다. 그래서 조직이 치밀하고 내부 밀도가 높습니다. 밀도가 높으니 당연히 활엽수는 무겁고 강도도 강합니다.

침엽수는 바늘처럼 뾰족한 잎사귀를 가졌으므로 수분이 적어도 되고, 물관은 아예 없습니다. 점선 형태의 헛물관으로 소량의 수분만 이동하기 때문에 밀도가 높지 않고 가벼우며 당연히 강도도 활엽수에 비해 약합니다.

단, 앞서 말씀드린 바와 같이 권장사항일 뿐 나무의 생육환경에 따라 나무의 상태(강도 등)는 다를 수 있으므로 참고하시기 바랍니다.

강도가 높은 나무는 대표적으로 물푸레나무, 들메나무, 참나무, 자작나무, 단풍나무 등이 있으며 강도가 낮은 나무는 버드나무, 감나무, 낙엽송, 전나무, 삼나무, 메타세콰이어 등이 있습니다.

• **뿌리가 깊은 나무**

뿌리는 곧은 뿌리와 얕은 뿌리로 나뉩니다. 곧은 뿌리는 흙 속을 향해 수직으로 자라는데, 얕은 뿌리는 수분과 산소이용이 용이한 지표면과 매우 가까이 자랍니다. 얕은 뿌리는 지표면에서 6인치 정도 깊이에서 찾을 수 있습니다.

얕고 넓게 자라는 뿌리의 형태를 가진 나무를 천근성(벚나무, 자작나무, 편백나무 등), 깊은 뿌리를 가진 나무를 심근성(느티나무, 동백나무, 소나무, 은행나무 등)이라 합니다.

지표면 위로 올라온 뿌리에 발이 걸려 넘어지거나, 숲밧줄놀이를 설치한 곳에서 떨어졌을 때 안전사고의 위험도 있기 때문에 숲밧줄놀이에서는 뿌리가 깊은 나무를 선택해야 합니다.

● **수피가 매끄럽지 않은 나무**

　수피는 해충으로부터 나무를 보호하거나 형성층 등을 보호하기 위한 역할을 하며 매끄러운 수피를 가진 수종도 있고, 거친 수피를 가진 수종도 있습니다.

　만약 배롱나무와 같이 수피가 매끄러운 수목에 밧줄놀이를 설치하면 수목보호대나 매듭이 미끄러지기 쉽겠죠.

　또 동백나무, 리기다소나무와 같이 가시가 있거나 너무 거친 수피를 가진 나무라면 매듭을 짓기 어렵고, 활동을 하다가 얼굴이나 손 등에 상처를 입을 수도 있습니다. 따라서 적당한 마찰력이 생길 정도의 수피를 가진 수목이 숲밧줄놀이에 적합합니다.

숲밧줄놀이를 하기에 부적합한 나무

● **나무를 이식한 날로부터 3년 이내의 나무**

　나무를 이식한 직후에는 활착시키기 위하여 부목을 대는데 이는 나무의 뿌리가 아직 충분히 자라지 않았음을 뜻합니다. 밧줄을 매고 흔들면 안전사고가 발생할 수 있고, 부목이 활동에 장애가 될 수 있으며, 이식으로 스트레스를 받은 나무의 생장에도 매우 나쁜 영향을 끼칩니다.

- **송진이 많이 묻어 있는 나무**

　송진은 소나무과의 나무가 손상을 입었을 때 나무를 보호하기 위해 분비되는 액인데요, 송진이 밧줄에 묻게 되면 밧줄이 딱딱하게 굳는 현상이 나타나 세척 또는 폐기를 해야 하기 때문에 송진이 많이 묻은 나무는 피하는 것이 좋습니다. 특히 송진이 많이 흐르는 나무는 솔방울이나 잎에도 송진이 많이 묻어나기 때문에 바닥에 떨어진 솔방울과 잎을 확인한 후에 밧줄을 두어야 밧줄 손상을 막을 수 있습니다.

- **이미 죽은 나무**

　고목은 고사되어 부식되기 시작한 나무를 말하며 나무의 내부가 어떤 상태인지 파악하기 힘들기 때문에 안전을 위해 반드시 피해야 합니다. 죽은 나무를 식별하는 법은 ① 잎이 붙어 있는지 확인하기, ② 수피에 심한 손상이 있는지 확인하기, ③ 해충에 의한 조그만 구멍들이 있는지를 확인하기입니다.

활동장 점검하기

숲밧줄놀이에 적합한 활동장을 찾을 때에는 수목의 수간이 시설을 설치해도 버틸 수 있는 굵기를 가졌는지, 나무와 나무 사이 간격은 활동에 적합한지, 주변 경사나 지표면 위로 올라온 뿌리 등의 위험요소는 없는지 등을 살펴보아야 합니다. 아래에서 활동장을 점검할 때 확인해야 하는 부분을 살펴봅시다.

• **풀과 관목(수고4m이하)이 많지 않은 곳인가?**

풀이 빽빽하게 많고 무릎 높이까지 오는 곳은 활동하기에 불편합니다. 그리고 관목에는 가지가 많고, 밧줄놀이기구를 설치했을 때의 높이와 비슷하거나 약간 높은 위치에 있어서 활동 중 떨어졌을 때 부상의 위험이 굉장히 높습니다.

• **뾰족하게 잘려나간 나무줄기가 바닥에 없는 곳인가?**

뾰족하게 잘려나간 나무줄기는 정말 위험합니다. 밧줄놀이 기구를 설치할 때 반드시 이 부분을 확인해야 하고, 위험물을 발견했을 때에는 뾰족한 줄기를 뿌리째로 뽑거나 다른 활동장을 찾는 것이 좋습니다.

- 경사가 심하지 않은 곳인가?

경사가 심한 곳은 가급적 피하는 것이 좋습니다. 경사진 곳에 밧줄놀이기구를 설치하면 이용 중 떨어지게 되었을 때 큰 사고가 초래될 수 있습니다. 숲 케이블카처럼 경사를 이용한 놀이기구를 설치할 경우, 지도자가 반드시 먼저 체험한 후 위험요소를 미리 체크해야 합니다.

답압효과 (Trampling effect)

우리 눈에 보이지 않지만 토양에는 모래 알갱이 사이사이에 공기와 수분이 자리잡고 있습니다. 이러한 모래 알갱이 사이사이의 공간을 '공극'이라고 하는데요. 우리가 토양을 밟고 지나가거나, 무거운 짐을 올려놓거나 하면 다지고 다져져서 공극이 좁아지게 되고, 이로 인해 통기성이나 통수성이 떨어지게 됩니다.

이러한 환경에서는 식물이 자라거나 씨앗이 발아되기 어렵습니다. 쉬운 예로 숲 속의 등산로는 답압의 과정으로 생겼다고 할 수 있지요. 따라서 숲밧줄놀이를 할 때에는 계속해서 한 장소를 사용하기보다 답압효과를 주지 않을 정도로 일정 기간을 두고 번갈아가며 활동하는 것을 권장합니다. 답압효과로 인한 식물의 생장 저해를 최소화하기 위함이죠.

다음 사진에서 사람들의 통행으로 답압피해를 입어 식물생장이 저해된 모습을 확인할 수 있습니다.

타감작용(Allelopathy)

식물끼리도 경쟁을 한다는 사실을 알고 있나요?

어떤 식물들은 햇빛을 더 받기 위해 '누가 누가 더 큰가' 나무의 키(수고), 또는 '누가 누가 넓게 자라나' 나무의 영역(수관폭)의 경쟁을 합니다. 또 어떤 식물들은 생장하면서 합성 화학물질을 분비하여 자신의 생장에 필요한 영양소나 수분, 햇빛, 영역을 주변 식물보다 많이 흡수하고 확보하기 위해 서로 경쟁하고 있습니다.

이처럼 **주변 식물의 성장을 억제하여 자신의 생장을 촉진하는 작용** (때로는 자신의 생장에 이익이 되는 주변 식물 성장을 촉진하는 작용)을 '타감작용'이라고 합니다.

숲밧줄놀이에 적합한 활동장으로 초목이 많지 않은 곳을 찾는다면 타감작용이 이루어진 장소를 물색하는 것도 방법입니다.

다음 사진을 보면 활엽수 밑에는 초본 식물이 잘 자라는 반면, 타감

작용을 받은 소나무 밑에는 초본 식물 생장이 억제된 것을 확인할 수 있습니다.

활엽수 밑에서 원만하게 생장하고 있는 초본식물

소나무에 타감 작용을 받아 생장이 저해된 초본식물

궁금증 해결하기

숲밧줄놀이를 하면 나무를 괴롭히는 게 아닌가요?

우리가 운동을 하면 몸이 튼튼해지듯이 나무에게도 약간의 스트레스는 나무를 더 건강하게 만들 수 있습니다. 바람이 많이 부는 환경에서 자란 나무는 그렇지 않은 나무보다 단단하고 뿌리를 깊게 내립니다. 따라서 지나칠 정도로 뿌리가 흔들리게 하거나, 부러질 정도의 심한 외력을 가하는 활동이 되지 않도록 주의한다면, 나무를 괴롭히는 것이 아니라 좀 더 단단하고 뿌리 깊은 나무가 될 수 있도록 도울 수 있습니다.

한번 설치한 숲밧줄놀이는 해체하지 않아도 되나요?

수목은 우리 눈에 띄게 쑥쑥 자라지는 않지만 아주 조금씩 성장을 하고 있습니다. 생명을 가진 식물이지요. 그런데 수피를 보호하는 차원에서 수목보호대를 설치하는 것이 장기적으로 보면 수간의 호흡을 방해할 수 있으며, 당겨 묶은 매듭이 형성층에 영향을 주어 매듭이 묶인 부분의 성장이 더뎌져 수형에 영향을 줄 수 있습니다. 결론적으로 나무의 생장을 저해하거나 생장에 영향을 주지 않도록, 한 번 설치한 숲밧줄놀이는 활동 후 바로 해체하는 것을 권장합니다. 또 장비(밧줄, 카라비너 등)가 장기적으로 외부에 노출되면 쉽게 상하거나 훼손될 수도 있습니다.

필요한 장비

로프

로프의 소재로는 천연섬유와 화학섬유의 두 종류가 쓰입니다. 그리고 로프의 구조에 따라 '꼰 로프'와 '짠 로프' 두 가지로 나뉩니다.

여러 가닥의 섬유를 꼬아 실을 만들고 다시 여러 가닥의 실을 꼬아 스트랜드를 만든 다음, 세 가닥의 스트랜드를 꼬아 만든 로프가 꼰 로프입니다. 이 때 꼰 방향에 따라 'S'자 꼬임 로프와 'Z'자 꼬임 로프로 나뉩니다.

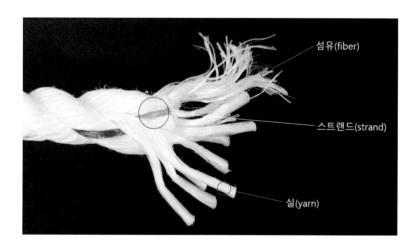

짠 로프는 꼰줄(strand)을 여러 다발로 붙여 만든 내피(속심)와 표면을 짜서 만든 외피(껍질)가 구분되는 로프를 말합니다.

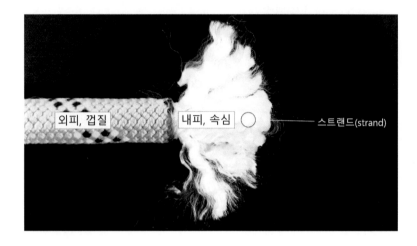

• 로프 선택

숲밧줄놀이는 나무에 구조물을 만들어 그 위에 올라가 놀 수 있도록 강도가 높은 밧줄을 써야 합니다. 그렇기 때문에 천연섬유 로프보다는 화학섬유 로프가 더 적절합니다. 또한 안전을 위해 각종 테스트를 거쳐 인증을 받은 제품을 쓰는 것이 좋습니다.

로프의 신축성(힘을 가했을 때 로프가 늘어나는 정도)에 따라 동적 로프와 정적 로프로 나뉘는데 밧줄놀이기구를 설치할 때는 신축성이 낮은 정적 로프를 사용하는 것이 훨씬 좋습니다.

• 로프의 각 부분 명칭

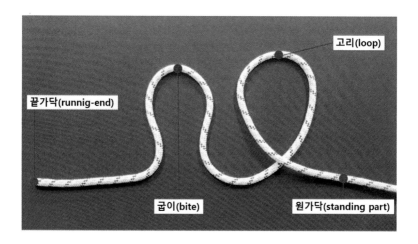

로프의 작업구간과 생김새에 따라 명칭이 정해져 있습니다. 이런 명칭들을 이해하고 있으면 매듭을 배울 때나 전달할 때 큰 도움이 되기 때문에 알아두시면 좋습니다.

구분	내용
끝가닥(runnig-end)	로프의 끝 부분
원가닥(standing part)	끝 가닥을 제외하고, 작업이 가능한 중간 부분을 명칭합니다.
굽이(bite)	로프를 구부려 접은 부분
고리(loop)	로프를 한 번 꼬아서 고리 모양의 형태가 된 부분

카라비너

카라비너는 재질과 형태, 잠금장치의 유무와 잠금 방법, 사용 용도에 따라서 여러 종류로 구분됩니다.

그리고 안전을 위해 반드시 인증을 받은 제품을 쓰셔야 합니다.

인증을 받은 제품인지 아닌지 구분하는 방법은 아주 간단합니다.

카라비너를 봤을 때 CE, EN인증(유럽표준)이나 UIAA(국제산악연맹) 등의 인증 마크를 찾으시면 됩니다. (EN 규격의 경우 하단에 표시된 숫자를 확인)

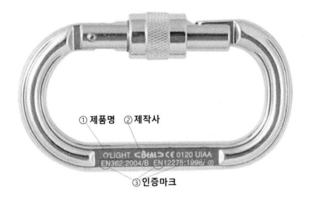

① 제품명: 카라비너의 제품명

② 제작사: 카라비너를 만든 제조회사

③ 인증마크

   ○ CE: 유럽연합의 통합규격 인증마크

   ○ EN: 362:2004 혹은 12275:2013

   ○ UIAA: 국제산악연맹

그 밖의 장비

사진	장비	내용
	수목보호대	수목보호대는 나무의 수피를 보호하고 밧줄의 손상을 막기 위해 반드시 필요한 장비입니다. 부직포를 크기에 맞춰 잘라 보관하는 것이 좋습니다.
	탠덤도르래	도르래는 숲 케이블카와 같은 중력이동 놀이기구를 설치할 때 주로 사용합니다. 집라인용 탠덤스피드는 하강속도가 빠르니 장비선택에 주의하세요. ※ EN 12278:2008 제품 사용을 권장합니다.
	슬렉라인	슬렉라인은 탄력이 좋아서 아이들이 굉장히 좋아하며 설치가 간편하고 다른 밧줄들을 활용하여 밧줄놀이기구를 만들 때도 용이합니다.
	해먹	숲에서 즐거운 휴식을 맛볼 수 있는 필수 아이템입니다. 천보다 파라슈트 재질의 해먹이 보다 안락합니다.

이 책에서는 등·하강 활동과 공중설치물을 다루지 않기 때문에 던자미, 줄, 빅샷이나 하네스, 헬멧 등의 개인보호장비는 언급하지 않았습니다.

놀이

인간의 생존활동, 그리고 일을 하는 것을 제외한 신체적·정신적인 모든 활동을 놀이라고 합니다. 놀이는 이해관계를 떠나서 자발적으로 참여하는 무목적의 활동으로 즐거움과 흥거움을 동반하는 가장 자유롭고 해방된 인간 활동입니다. 놀이는 일정한 육체적, 정신적 활동을 전제로 하며 정서적 공감력과 정신적 만족감을 바탕으로 이루어집니다. 또한 인간으로서의 삶의 재미를 적극적으로 추구하고 즐기고자 하는 의지적인 활동이기도 합니다. 놀이는 피로를 풀어 주고 원기를 회복시켜 생활에 탄력을 주고, 삶의 기쁨을 표현하는 계기를 제공합니다. 놀이 활동을 통해서 새로운 기능을 얻으며, 사회적 관습을 익혀 일을 할 수 있게 됩니다. 그러므로 아이들에게 있어서 놀이는 심신의 발달에 중요한 역할을 합니다.

아이들의 놀이 방법은 아이들이 자라면서 성장 단계에 따라 발전합니다. 따라서 각 연령집단에 적합한 놀이 공간을 마련하기 위해서는 이 단계들을 이해해야 합니다. 그렇지만 모든 아동은 서로 다르고, 심지어 같은 연령집단 내에서도 선호의 요구가 다양할 수 있다는 점 역시 염두에 두어야 합니다.

아동의 성장 단계와 그 단계마다 관찰되는 놀이 습관들은 대체로 다음과 같이 구분할 수 있습니다.

• 0~3년

출생 후 첫 3년 동안은 발달에 중요한 체험들을 하고 자신의 동작을 제어하는 법을 익힌다. 대개 혼자 놀고 촉각, 시각, 청각 실험을 하는 경향을 보인다. 이 단계에서는 모래나 진흙, 물놀이를 하며 그네와 미끄럼틀(성인의 도움을 받아)을 타는 정도가 적합하다.

• 3~6년

3세에서 6세 사이에 사회적 인지 능력이 생기면서 아동들은 보통 무리를 지어 놀며 이를 통해 대인관계와 사회성이 발전한다. 이 연령집단의 아동들은 다른 무언가를 표현하는 활동을 즐긴다. 예를 들어 그네, 미끄럼틀이나 움직이는 기구들뿐만 아니라 추상적인 놀이 요소인 책상, 의자 등을 가지고 논다.

• 6~8년

6세에서 8세 사이의 아동들은 움직이고 행동하는 활동에 끌린다. 즉 조직적·신체적 기능을 모두 발달시키는 활동을 좋아한다. 이 연령집단의 아동들은 타고 올라가는 그물 등 다양한 운동 반응이 필요한 다소 복잡한 형태의 놀이기구를 이용해 자신의 민첩성을 테스트하는 것을 즐긴다.

• 8~10년 이상

청소년기가 가까워오면서 아동들은 무리를 지어 노는 쪽을 선택하지만 어른들의 감독이나 더 어린 아동들의 방해 없이 놀고 싶어한다. 이 연령의 아동들은 무리를 짓거나 팀을 나누어 객관적인 규칙에 따라 수행하는 구조화된 게임들을 많이 하고 논다. 또한 좀 더 복잡한 올라가기 놀이기구에서 자신의 균형감각과 조정 능력을 보여주길 좋아한다.

• 청소년기

만 14세 이상의 청소년들은 단순히 놀이기구에서 체험하기보다 매듭법을 익히거나 매듭법을 활용한 놀이기구 설치에 더 흥미를 느끼며 지도자의 직접적 지도보다 무리지어 자신들의 시간을 갖기를 더 좋아한다.

그렇다면 우리는 왜 놀이를 해야 할까?

놀이(신체활동)는 교우관계의 촉진을 일으키는데, 여기서 말하는 교우관계(친구관계)란 둘 사이에 이루어지는 쌍방의 사회적 관계입니다. 이는 자유로운 선택에 의한 것이며, 대등하고 평등한 입장에서 비형식적으로 이루어지는 인간 결합이고, 사회적인 공감에 의한 결합입니다.

여기서 가장 중요한 것은 쌍방의 사회적 관계, 그리고 대등하고 평등한 결합입니다. 위에서 설명한 것처럼 가장 중요한 것은 놀이를 왜

하는지, 무엇을 위해 하는지입니다. 놀이 역시 청소년활동의 하나이고 이 활동을 통해 지도자가 청소년에게 주고 싶은 내용을 명확히 전달해야 합니다. 놀이에 대한 접근 방식은 다양하지만, 활동하며 느낀 최적의 주제는 관계형성, 의사소통이라 말할 수 있습니다.

우선 신체활동을 왜 해야 하는지에 대하여 조금 더 다뤄보자면 다음과 같습니다. 우선 청소년들은 놀이나 게임 같은 신체활동을 통해 자기표현력과 자신감, 성취감, 사회성을 기를 수 있고 분노나 우울감을 조절하고 막을 수 있다고 보고되고 있습니다.

최근에는 어린이들이 게임과 스마트폰에 빠져 신체활동량이 감소하고 있고, 또 성인의 3분의 2이상은 충분한 신체활동을 하고 있지 않다는 조사 결과가 나왔습니다. 아동기와 청소년기에 습득되는 신체활동 습관은 일생 동안 유지될 뿐만 아니라 활동적이고 건강한 삶을 위한 기초가 됩니다. 이와 같이 신체활동을 통한 정서의 긍정적인 변화는 전인적인 발달을 위해서도 필수적입니다.

이처럼 사회적 관계(교우관계)를 촉진하기 위해서, 그리고 자신의 건강한 삶을 위해서 신체활동이 필요하다는 연구 결과가 나와 있는데 그 중 하나를 참고하여 설명하자면 다음과 같습니다.방과 후 신체활동에 참여하는 집단과 참여하지 않는 집단 간 학교적응과 친구관계를 비교한 연구 결과에 의하면, 교사, 부모 및 친구가 평가하는 학교적응에서 방과 후 운동 참여집단이 비참여집단에 비해 높은 수준을 보였고, 친구관계에서도 방과 후 운동 참여집단이 비참여집단에 비해 유의미하게 높은 수준을 보였습니다.

신체활동이 청소년에게 유의미하며 이를 통해 상호관의 관계가 촉진

된다는 전제 하에 우리가 지도하는 놀이 활동을 생각해보면, 이들에게 '어떤 주제를 어떤 방식으로 지도해야 할까?'에 대한 결과를 도출할 수 있습니다.

　다양한 놀이, 놀이의 방법, 놀이활동 지도 시 유의할 점 등이 많이 나와 있는데, 이를 참고하여 놀이 활동을 통해 청소년들에게 어떤 영향을 줄지, 왜 이 활동을 해야 할지를 한 번 더 생각해 보며 실제 지도에 적용하였으면 합니다.

※ 참고: [네이버 지식백과] 놀이 [Play] (문학비평용어사전, 2006, 한국문학평론가협회)
　세계의 놀이터 디자인, 카를레스브로토 pp.25~26

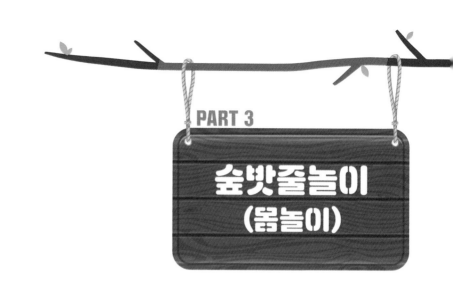

PART 3

숲밧줄놀이
(몸놀이)

1. 쌍별 만들기

적정인원: 5~6명
운영시간: 30분 내외

운영방법

손가락에 고무줄을 걸어 세모, 네모 등 다양한 모양을 만들 듯이 참가자들 각자가 손가락이 되어 모양을 만드는 활동

① 1인당 1개의 보조로프(3m)를 갖고 팀원들과 줄을 이어 1개의 커다란 원을 만듭니다.

② 구성원 중 1명은 팀장이 되어 구성원들이 모양을 만들 수 있게 말로 지시합니다. 세모, 네모 등 여러 가지 모양을 간단하게 만들어본 후 팀장에게 고무줄 1개를 주고 손가락에 고무줄을 걸어 쌍별을 만드는 방법을 알려 줍니다. (인터넷 검색창에 쌍별 만들기 검색) 팀원들 중 쌍별 모양을 만들 줄 아는 팀원이 있다면 팀장을 교체해도 무관합니다.

③ 손가락으로 쌍별 만들기를 배운 팀장은 자신의 팀으로 돌아가 팀원들과 함께 쌍별 만들기를 시작합니다.

> **TIP!**
> 쌍별 만들기에 많은 어려움이 있다면 천천히 일반적인 별을 만들고 그 후 쌍별을 만들도록 지도자가 개입하여 도움을 주는 것이 좋습니다.

팀장들이 고무줄을 이용해 쌍별을 만들어보고 있다.

밧줄을 이용해 쌍별 완성

2. 햇님밧줄

적정인원: 20명 내외
운영시간: 20분 내외

운영방법

밧줄로 놀이물을 만들어 참가자들이 돌아가며 놀이물을 탑승하고 운영하는 활동

① 1인당 1개의 보조로프(3m)를 반으로 접어 원형 테이프슬링에 걸 매듭으로 걸고 양쪽 끝에 각 줄 따로 옭매듭을 만듭니다.

② 같은 방법으로 모든 참가자들이 매듭을 만든 다음, 참가자 탑승에 앞서 탑승방법, 운영방법 및 안전수칙을 전달합니다.

③ 모든 참가자들은 체중을 뒤로 하여 놀이물이 팽팽해지도록 만듭니다. (팽팽하게 만들었을 때의 모양이 햇님 모양처럼 생겨서 이 놀이의 이름이 햇님밧줄입니다.)

④ 참가자가 해당 놀이물에 탑승할 때는 모든 참가자들이 앞으로 한 걸음 다가와서 놀이물이 바닥 쪽으로 내려갈 수 있게 만들고, 탑승하고 나면 최대한 뒤로 이동하여 팔의 힘이 아니라 체중의 힘으로 해당 놀이기구를 운영합니다.

⑤ 탑승자는 4가닥의 밧줄이 자신의 양 다리 사이에 위치하도록 하고 양 팔은 양 옆에서 약간 뒤에 있는 밧줄을 잡습니다.

⑥ 이 상태로 탑승자는 대기하고 다른 참가자들이 로프에 힘을 살짝 뺐다가 다시 힘을 주기를 반복하며 탑승자를 위아래로 튕겨 줍니다.

⑦ 운영 시 반드시 지도자가 감독하여 해당 활동이 과해지지 않게 주의하며 활동하고, 참가자 상황에 따라 3~5회 정도 진행을 하고 교대합니다.

TIP!

햇님밧줄은 참가자의 교급에 따라 참가자가 느끼는 어려움 정도가 다를 수 있습니다.

초등학교 교급에는 지도자 혹은 보호자가 함께 하기를 권장하고 중, 고등 교급에서는 청소년 스스로가 진행할 수 있으나 다소 격해질 수 있으므로 지도자의 적절한 개입이 중요합니다.

원형 슬링에 걸매듭을 이용해 보조로프를 고정

완성된 햇님밧줄로 탑승자를 팅기고 있다.

3. 밧줄 줄넘기(개인)

적정인원: 줄넘기하며 서로 부딪히지 않을 정도 인원

운영시간: 30분 내외

운영방법

보조로프(3m)를 활용한 다양한 줄넘기 활동

① 보조로프를 참가자 1인당 1개씩 나눠준 후 로프 양쪽 끝에 옭매듭 혹은 8자 매듭을 각각 만듭니다. 이 매듭들은 줄넘기 활동 시 손에서 로프가 빠져나가는 것을 예방하는 장치입니다.

② 매듭을 만든 후 주변 참가자들과 부딪히지 않을 정도로 충분한 거리를 확보한 후 앞으로 하나씩 넘는 줄넘기를 진행합니다.

이때 줄넘기 시간을 충분히 주어서 참가자들이 가볍게 몸을 풀 수 있도록 합니다.

③ 참가자들이 충분히 줄넘기를 한 후 성별로 나누어 남자팀의 줄넘기 왕, 여자팀의 줄넘기 왕을 뽑아 봅니다. 각 팀이 따로 경기를 진행하며 참가자들이 같은 반 혹은 같은 팀을 응원할 수 있게 유도합니다.

④ 기본 줄넘기 대회가 끝나면 뒤로 줄넘기, 2단 뛰기, 2인 줄넘기 등 다양한 방법의 줄넘기를 진행합니다.

TIP!
줄넘기 운영 시 진행을 하는 지도자의 적절한 시간 분배가 중요합니다. 참가자들이 가볍게 줄넘기를 할 수 있도록 제공하는 시간이 너무 길어진다면 활동이 지루해질 수 있습니다.

체육관에서 줄넘기를 하고 있다(로프 손상 적음).

아스팔트에서 줄넘기를 하고 있다(로프 손상 많음).

4. 밧줄 줄넘기(단체)

적정인원: 줄넘기하며 서로 부딪히지 않을 정도 인원
운영시간: 30분 내외

운영방법

보조로프를 같은 팀끼리 연결한 팀 단체 줄넘기 활동

① 보조로프(3m)를 1인당 1개씩 나눠준 후 팀원끼리 로프를 연결할 수 있는 매듭(연결 8자, 피셔맨, 맞매듭 등)을 교육한 다음 같은 팀끼리 연결하여 1개의 긴 줄을 만듭니다.

② 연결이 모두 끝나면 로프를 살짝 당겨서 연결이 잘 됐는지 확인한 후 지도자가 팀별 위치를 정하여 다른 팀과 로프가 부딪히는 일이 없게 합니다. 매듭이 풀리는 경우 경기에서 탈락한다는 룰을 공지합니다.

③ 모든 준비가 끝나면 단체줄넘기 연습을 진행합니다.

④ 적절한 연습이 끝나면 팀별 단체줄넘기 경기를 진행하는데 특정 회수 달성하기, 팀별 최고 기록 세우기 등 경기를 진행할 수 있습니다.

줄넘기를 진행하다 보면 줄이 다소 길다고 느낄 수 있습니다. 그렇다고 해서 다음 진행 시 줄 개수를 줄이라고 하면, 어떤 참가자는 줄을 연결하고 어떤 참가자는 줄을 연결하 지 않으면서 소속감과 참가율이 떨어질 수 있습니다. 그러므로 모든 참가자가 줄을 연 결하는 것을 원칙으로 하고, 줄이 길다면 줄을 반으로 접든, 팔에 줄을 감든, 혹은 그냥 긴 줄로 하든 그 해결 방법을 참가자 스스로 결정할 수 있게 지도자가 안내해 주면 다 양한 방식의 줄 세팅을 볼 수 있습니다.

체육관에서 단체 줄넘기를 하고 있다(로프 손상 적음).

운동장 트랙에서 단체 줄넘기를 하고 있다(로프 손상 많음).
로프 손상을 방지하기 위해서는 매끄러운 바닥에서 하는 것이 더 좋다.

5. 밧줄 작품 만들기

적정인원: 활동 장소에 따라 상이
운영시간: 20분 내외

운영방법

밧줄이 가지고 있는 유연함을 활용하여 글씨 혹은 그림 등 다양한 작품을 만들어보는
활동

① 팀별로 어떤 작품을 만들어 볼 것인지 논의하는 시간을 갖고 1인
당 1개의 보조로프(3m)를 나눠 줍니다.

② 팀별 위치를 지도자가 선정한 후 작품 만들기 시간을 진행합니다.

③ 지도자는 모든 참가자들이 팀 작품에 참가할 수 있게 지도합니다.

TIP!

가끔 진행을 하다 보면 1인당 1개씩의 밧줄로도 밧줄 수량이 모자라는 경우가 발생합
니다. 이때는 전체 공지를 통하여 모두가 동등하게 추가 밧줄을 수령할 수 있도록 안내
하면 더 다양하고 풍성한 작품이 만들어질 수 있습니다.

밧줄로 '6-2'를 형상화한 모습

밧줄의 다양한 색을 활용해 꽃을 표현

6. 밧줄로 꿍꿍

적정인원: 10명 내외
운영시간: 20분 내외

운영방법

팀원들과 보조밧줄을 활용하여 서로 균형을 맞춰 자리에서 일어나는 활동

① 우선 개인별로 보조로프(3m)를 나눠준 후 2인 1팀을 이룰 수 있게 안내합니다.

② 서로 마주본 상태에서 로프를 절반 혹은 반의 반으로 접은 후 로프를 서로 엮어 줍니다. 그 후 로프를 잡은 상태에서 양발 끝을 마주대고 신호와 함께 동시에 자리에서 일어납니다. 성공하면 팀원들과 하이파이브를 하고 성공하지 못한 경우 다시 기회를 줍니다.

③ 그 후 팀의 인원을 4~5명, 7~8명으로 점차 늘려가고 한 학급을 남, 여 혹은 절반으로 나눠 진행합니다.

TIP!

활동하기 전 지도자의 시범이 있으면 청소년들은 쉽게 이해를 합니다. 시범을 통해 어떤 활동인지 보여주고 손에 로프를 감는 행위는 반드시 금지시켜야 합니다. 손에 힘을 주고 당기는 순간 로프를 손에 감은 청소년의 손이 로프에 쓸리거나 심한 경우 골절까지도 이어질 수 있기 때문입니다.

밧줄을 엮어 서로의 무게를 실어 지탱하고 있다.

인원을 늘려 진행

PART 4

밧줄놀이기구

1. 밧줄 당겨 묶기 기술
(메인밧줄 설치)

준비물

수목보호대 2개, 밧줄(12m~20m, Ø11mm) 1개

고려사항

- 나무와 나무 사이의 간격이 멀어질수록 밧줄 처짐 현상이 발생하기 때문에 간격을 고려하여 설치해야 합니다.
- 디딤 밧줄일 경우 높이 1m 이내로 설치하여야 추락 시 부상의 염려가 줄어듭니다.

매듭법

꼰매듭

보울라인매듭

한매듭

설치법

① 지지대가 되는 나무에 꼰매듭이나 보울라인 매듭을 지어 고정해
   줍니다. (보울라인 매듭을 사용할 경우 밧줄로 나무줄기에 한 바퀴를 감은 후
   에 보울라인 매듭을 지어야 밧줄이 고정됩니다.)

② 밧줄을 고정한 나무의 반대편 나무에 높이를 맞춰서 강하게 당긴
   후 나무를 둘러서 밧줄을 매어 줍니다.

③ 중심 밧줄을 한번 되감은 후 강하게 당겨서 2번과 같은 동작을 반
복합니다.

④ ②와 ③의 동작을 이어서 2번 반복합니다.

⑤ 밧줄에 힘을 가한 상태에서 한 매듭을 3회 반복해서 마무리합니다.

※ 나비매듭을 활용하면 더 팽팽하게 밧줄을 설치할 수 있습니다.

나비매듭

2. 밧줄 정리하기

준비물

보조밧줄(3m, Ø8mm)1개, 밧줄(12m~20m, Ø11mm) 1개

보조밧줄

① 밧줄을 두 번 절반으로 겹칩니다.

② 두 번 겹친 상태로 옭매듭을 합니다.

주 밧줄

① 한 팔 정도 길이에서 밧줄을 잡아 중심 손에 쥡니다.

② 중심 손에 밧줄을 쥔 채 양팔을 벌려 줄을 늘려 줍니다.

③ 양팔을 벌려 늘린 줄을 잡은 상태에서 중심 손에 밧줄을 쥡니다.

④ ②를 반복한 후 중심 손을 뒤집은 상태에서 3번 반복합니다.

⑤ 줄 길이가 3m 정도 남을 때까지 ②와 ③을 반복합니다.

⑥ 남은 줄을 이용하여 루프(고리)를 만들어 줍니다.

⑦ 루프의 아래쪽에서 위쪽으로 남은 줄이 없어질 때까지 반복해서
   감아 줍니다.

⑧ 고리를 감고 남은 줄을 이용하여 루프(고리)를 통과시킨 후 루프와
   연결되어 있는 밧줄을 잡아당겨 마무리합니다.

3. 밧줄그네

준비물

- 나무줄기에 설치: 수목보호대 2개, 보조밧줄(3m, Ø8mm) 2개, 그네 안장(벨트슬링) 1개
- 메인밧줄에 설치: 수목보호대 2개, 밧줄(12m, Ø11mm) 1개, 보조밧줄(3m, Ø8mm) 2개, 그네안장 1개

고려사항

- 그네를 설치할 때는 나무의 간격이 가깝고 줄기의 둘레가 굵지 않은 나무를 선택해야 설치가 간단합니다.
- 경사진 곳에 그네를 설치하면 안전사고가 발생할 수 있으니 가급적이면 평평한 곳에 설치하세요.

매듭법

꼰매듭

소매듭

옭매듭

나무줄기에 설치하기

① 나무의 간격이 양팔간격 이내에 있는 나무를 찾습니다. (나무줄기가 지나치게 굵으면 설치가 까다롭습니다.)

② 나무줄기의 150cm~170cm 높이에 보조밧줄을 꼰매듭으로 고정시 킵니다. (반대쪽 나무에도 동일하게 고정합니다.)

③ 줄기에 꼰매듭으로 고정 후 남은 밧줄을 그네안장(벨트슬링)에 소매
   듭으로 고정한 후 옭매듭으로 마무리해 줍니다. 반대쪽에 있는 밧
   줄도 같은 방법으로 고정합니다.

메인밧줄에 설치하기

TIP!

나무의 간격이 지나치게 멀거나 줄기가 매우 굵은 나무에는 줄기에 직접 설치가 불가능하기 때문에 이 방법으로 그네를 설치합니다.

① 양쪽 나무의 상단(200cm 이상)에 당겨 묶기 기술을 이용하여 메인 밧줄을 설치합니다. (메인밧줄 설치법 참고 p.71)

② 보조밧줄로 설치된 메인밧줄의 중간 부분에 소매듭으로 연결 후 옭매듭으로 마무리합니다.

③ 아래로 떨어져내린 밧줄을 그네안장(벨트슬링)에 소매듭으로 연결 후 옭매듭으로 마무리합니다.

④ ②, ③의 과정을 똑같이 반복하여 반대쪽 그네안장을 고정시켜줍
니다.

4. 해먹설치

준비물

수목보호대 2개, 보조밧줄(3m, Ø8mm) 2개

고려사항

- 해먹을 설치할 때는 나무의 간격이 해먹의 길이보다 멀어야 설치
  가 간편하고 누웠을 때 안락합니다.
- 체험자가 누워 있는 상태에서 해먹과 지면과의 높이가 20cm 이상
  이 되게 설치하여야 해먹에 손상이 가는 것을 막을 수 있습니다.

매듭법

꼰매듭

소매듭

옭매듭

해먹설치법

① 나무의 간격이 해먹보다 1m 정도 긴 나무를 찾습니다. (해먹의 길이 보다 좁은 나무에 설치해도 괜찮지만 설치 후 누웠을 때 불편할 수 있습니다.)

② 나무줄기의 100cm~110cm 높이에 보조밧줄로 꼰매듭을 지어 줍니다. (반대쪽 나무에도 동일하게 고정합니다.)

③ 줄기에 꼰매듭으로 고정 후 남은 밧줄을 해먹의 고리 부분에 소매듭으로 고정한 후 옭매듭으로 마무리해 줍니다.

④ 반대쪽에 있는 밧줄도 같은 방법으로 고정합니다.

5. 슬랙라인(slack line) 설치하기

준비물

수목보호대 2개, 슬랙라인

고려사항

슬랙라인은 단독으로 사용해도 좋지만 슬랙라인을 디딤줄로 활용하여 밧줄과 같이 설치하면 더 다양한 놀이기구를 만들 수 있습니다. 설치가 쉽고 줄 처짐이 없어 설치 후에 추가적인 보완작업 없이 장시간 사용이 가능합니다.

슬랙라인 설치법

① 슬랙라인의 라쳇버클이 있는 로프를 나무줄기의 50cm~70cm 부분에 접히지 않도록 두른 후 라쳇버클을 로프의 루프로 통과시켜 팽팽하게 조여 줍니다. (이때 라쳇버클이 하단에 갈 수 있도록 위치를 조정해 줍니다.)

② 반대쪽 나무에 밸런스로프가 말려 있는 상태로 로프 끝 부분에 있
는 루프를 통과시킨 후 로프와 나무줄기 사이에 빈 공간이 없도록
밀착시킵니다.

③ 나무줄기에 고정시킨 밸런스 로프가 꼬이지 않게 천천히 풀어서
끝 부분은 라쳇버클의 틈에 넣습니다.

④ 끝까지 뺀 밸런스로프를 잡
  은 상태에서 라쳇버클을 당
  겨 감아 줍니다.

⑤ 라쳇버클이 더는 당겨지지 않을 때까지 조여 줍니다.

6. 해적다리

준비물

수목보호대 4개, 밧줄(12m~20m, Ø11mm) 2개, 보조밧줄(3m, Ø8mm) 6개

고려사항

해적다리는 설치물 위에 올라가서 체험하는 활동이기 때문에 활동장의 경사가 가파르거나 잔가지가 있을 경우 추락 후 2차 사고가 발생할 수 있으니 활동 장소를 주의깊게 선별하거나, 활동 장소를 정리한 후에 설치하는 것이 좋습니다.

매듭법

꼰매듭

한매듭

소매듭

옭매듭

트럭매듭

해적다리 설치법

① 3m~5m정도 간격의 나무를 찾습니다. (나무의 간격이 멀어질수록 밧줄
   의 처짐이 심해져 체험자가 올라갔을 때 밧줄이 땅에 닿게 됩니다.)

② 디딤 밧줄을 설치할 때는 60cm~80cm높이로 설치해주세요. 나비매
   듭을 사용하면 더 단단하게 고정이 됩니다. (메인밧줄 설치법 참고 p.71)

③ 잡는 밧줄을 설치할 때는 체험자의 신장에 맞게 조정이 필요합니다. 디딤 밧줄에 섰을 때 체험자의 배꼽에서 겨드랑이 사이가 적절합니다.

④ 나무줄기 상·하단부에 메인밧줄 설치가 끝나면 보조밧줄을 이용하여 메인밧줄을 1자 형태로 연결시켜 줍니다.

⑤ 보조밧줄을 절반으로 접어서 잡는 밧줄에 걸매듭으로 고정시켜 주세요.

⑥ 걸매듭 후 아래로 떨어진 남은 밧줄을 디딤 밧줄에 소매듭으로 고정시킨 후 옭매듭으로 마무리해 주세요.

7. 십자교차다리

밧줄을 겹쳐 십자가 모양의 다리가 완성되면 더 다양한 방법의 놀이가 가능해집니다.

준비물

수목보호대 8개, 밧줄(12m~20m, Ø11mm) 4개, 보조밧줄(3m, Ø8mm) 1개

고려사항

네 그루의 나무가 사각형 형태로 자리잡은 나무를 찾아야 하며 나무들 사이에 장애물이 없는 상태여야 원활한 설치와 운영이 가능합니다.

매듭법

꼰매듭

소매듭

옭매듭

한매듭

트럭매듭

십자교차다리 설치법

① 3m~5m정도 간격으로 서로 마주보고 있는 나무를 찾습니다. (나무의 간격이 멀어질수록 밧줄의 처짐이 심해져 체험자가 올라갔을 때 밧줄이 땅에 닿게 됩니다.)

② 디딤 밧줄을 설치할 때는 60cm~80cm높이로 설치해 주세요. 나비매듭을 사용하면 더 단단하게 고정이 됩니다. (메인밧줄 설치법 참고 p.71)

③ 잡는 밧줄을 설치할 때는 체험자의 신장에 맞게 조정이 필요합니다. 디딤 밧줄에 섰을 때 체험자의 배꼽에서 겨드랑이 사이가 적절합니다. (메인밧줄 설치법 참고 p.71)

※ 십자교차다리는 + 모양이 되게 설치해야 합니다. 나란히 설치하면 안 돼요.

④ 이미 밧줄이 묶여 있는 상태에서 겹칠 수 있도록 ②, ③의 과정을 반복해 줍니다. (높이는 설치되어 있는 밧줄과 같은 높이여야 합니다.)

⑤ 십자가 모양으로 겹쳐진 디딤 밧줄과 잡는 밧줄을 보조로프로 소매듭 연결시킨 후 옭 매듭을 이용해 마무리해 줍니다. (이때 겹쳐있는 두 줄이 모두 연결될 수 있도록 해야 합니다.)

8. 버마다리

준비물

수목보호대 4개, 밧줄(20m, Ø11mm) 2~3개, 보조밧줄(3m, Ø8mm) 6~8개

고려사항

버마다리를 설치하기 위해서는 30cm이상 지름의 마주보고 있는 나무가 2그루 필요합니다.

매듭법

꼰매듭

한매듭

소매듭

클로브히치

옭매듭

트럭매듭

버마다리 설치법

① 지름이 30cm 이상인 나무를 찾습니다. 마주보고 있고 거리가
   3m~5m 정도 되는 나무가 적당합니다.

② 디딤 밧줄을 설치할 때는 60cm~80cm높이로 설치해주세요. 나비
   매듭을 사용하면 더 단단하게 고정이 됩니다. (메인밧줄 설치법 참고
   p.71)

③ 잡는 밧줄 설치를 위해 디딤 밧줄에 섰을 때 배꼽에서 겨드랑이 사이의 위치에 꼰매듭을 지어 줍니다. 이때 꼰매듭을 옆으로 돌려 나무의 옆쪽으로 위치하게 만들어 줍니다. (나무 굵기나 길이에 따라 밧줄 길이를 조절해 주세요.)

④ 반대쪽 나무에 밧줄을 대각선으로 가져가 당겨 묶기를 해 줍니다. 힘을 주어 당겼을 때 나무의 옆쪽에 잡는 줄이 위치하여 一자 모양이 될 수 있도록 조정하고, 한 매듭을 세 번 반복하여 당겨 묶기를 마무리합니다.

⑤ 반대 방향에도 ④와 같은 동작으로 당겨 묶기를 해 줍니다.

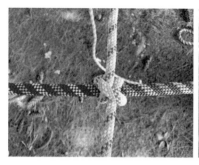

⑥ 디딤 밧줄에 보조로프를 이용하여 클로브히치로 묶어 남는 줄의 길이가 같도록 해 줍니다.

⑦ 남는 줄을 잡는 밧줄에 소매듭으로 고정한 후 옭매듭을 마무리해 줍니다.

⑧ ⑦의 과정을 반복하여 버마다리를 완성시킵니다.

9. 네팔다리

준비물

수목보호대 2개, 밧줄(12m 또는 20m, Ø11mm) 3개, 보조밧줄(3m, Ø8mm) 6~8개

고려사항

네팔다리를 설치하기 위해서는 30cm이상 지름의 마주보고 있는 나무가 2그루 필요합니다.

매듭법

꺾매듭

한매듭

걸매듭

소매듭

옭매듭

트럭매듭

네팔다리 설치법

① 지름이 30cm 이상인 나무를 찾습니다. 마주보고 있고 거리가 3m~5m 정도 되는 나무가 적당합니다.

② 한쪽 나무에 지면에서부터 1m 40cm~60cm 정도의 높이로 꼰매듭을 옆으로 돌려 나무의 옆쪽으로 위치하게 만들어 줍니다. (나무 굵기나 길이에 따라 밧줄 길이를 조절해 주세요.)

③ 반대쪽 나무의 50cm~60cm 높이에 밧줄을 대각선으로 가져가 당겨 묶기를 해 줍니다. 힘을 주어 당겼을 때 나무의 옆쪽에 줄이 위치하여 마주본 상태에서 一자 모양이 될 수 있도록 조정하고, 한매듭을 세 번 반복하여 당겨 묶기를 마무리합니다.

④ 반대 방향에도 ③과 같은 동작으로 당겨 묶기를 해 줍니다.

⑤ 한쪽 줄에 걸매듭으로 고정시켜준 후 마주본 줄에 적당한 길이로 소매듭을 고정시킨 후 옭매듭으로 마무리합니다.

⑥ ⑤의 과정을 반복하여 네팔다리를 완성시켜 줍니다.

10. 그네다리

준비물

수목보호대 2개, 밧줄(12m 또는 20m, Ø11mm) 3개, 보조밧줄(3m, Ø8mm) 6~8개

고려사항

그네다리를 설치하기 위해서는 30cm이상 지름의 마주보고 있는 나무가 2그루 필요합니다.

매듭법

꼰매듭

한매듭

소매듭

옭매듭

트럭매듭

그네다리 설치법

① 지름이 30cm 이상인 나무를 찾습니다. 마주보고 있고 거리가 3m~5m 정도 되는 나무가 적당합니다.

② 한쪽 나무에 지면에서부터 1m 40cm~60cm 정도의 높이로 꼰매듭을 옆으로 돌려 나무의 옆쪽으로 위치하게 만들어 줍니다. (나무 굵기나 길이에 따라 밧줄 길이를 조절해 주세요.)

③ 반대쪽 나무의 같은 높이에 밧줄을 대각선으로 가져가 당겨 묶기를 해 줍니다. 힘을 주어 당겼을 때 나무의 옆쪽에 줄이 위치하여 마주본 상태에서 一자 모양이 될 수 있도록 조정하고, 한 매듭을 세 번 반복하여 당겨 묶기를 마무리합니다.

④ 반대 방향에도 ③과 같은 동작으로 당겨 묶기를 해 줍니다.

⑤ 한쪽 줄에 보조밧줄을 이용하여 소매듭과 옭매듭으로 고정시켜준 후 반대쪽도 똑같은 방법으로 마무리합니다.

⑥ ⑤의 과정을 반복하여 그네다리를 완성시켜 줍니다.

11. 정글짐

준비물

수목보호대 6개, 밧줄(12m, Ø11mm) 2개 (12m, Ø11mm) 2개, 보조밧줄(3m, Ø8mm) 많이

고려사항

정글짐을 설치하기 위해서는 세 그루의 나무가 삼각형 모양으로 위치한 나무가 필요하고 경사가 심한 곳은 피하는 것이 좋습니다.

매듭법

꼰매듭

한매듭

소매듭

옭매듭

트럭매듭

클로브히치

정글짐 설치법

① 세 그루의 거리가 3m 이내에 있으며 삼각형 모양으로 자라있는 나무가 적당합니다.

② 디딤 밧줄 설치를 위해 20m 밧줄로 나무의 50~60cm 정도 높이에 클로브히치로 고정시켜 줍니다. 고정 후 매듭 부분이 중심으로 갈 수 있도록 위치를 조정해 줍니다.

③ 클로브히치로 고정하고 남은 양쪽 밧줄을 이용하여 다른 두 그루의 나무에 당겨 묶기로 고정해 줍니다. (메인밧줄 설치법 참고 p.71)

④ 연결이 되어 있지 않은 나무들도 12m 길이의 밧줄로 메인밧줄을 설치해 주세요.

⑤ 잡는 밧줄도 디딤 밧줄에 섰을 때 배꼽에서 가슴 사이 높이에 ③, ④의 과정으로 연결해 주세요.

⑥ 삼각형 모양 디딤 밧줄 사이에 디딤 밧줄과 잡는 밧줄을 보조밧줄로 연결합니다. 연결할 때는 클로브히치와 소매듭을 활용하여 연결해주세요.

⑦ 연결이 끝나고 나면 보조밧줄을 원하는 모양으로 촘촘하게 매듭지어 마무리합니다.

PART 5

매듭법

1. 옭매듭/ overhand knot

가장 먼저 배울 매듭은 제일 기본이 되는 옭매듭입니다. 간단하고 쉬우며 아주 많은 곳에 사용되지요. 숲밧줄놀이에서는 주로 매듭을 짓고 매듭이 풀리지 않도록 마무리를 짓는 역할을 맡고 있습니다.

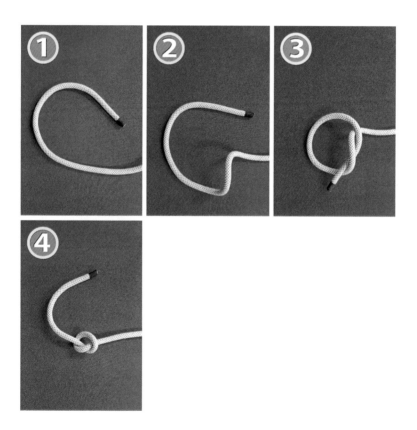

2. 고리옭매듭/
overhand loop

고리옭매듭은 밧줄을 반으로 접은 다음 접힌 부분으로 옭매듭을
지어주면 되는 아주 쉬운 매듭입니다. 매듭을 짓고 나면 고리형태의
매듭이 완성됩니다. 이 곳에는 뭔가를 걸 수 있을 것만 같군요.

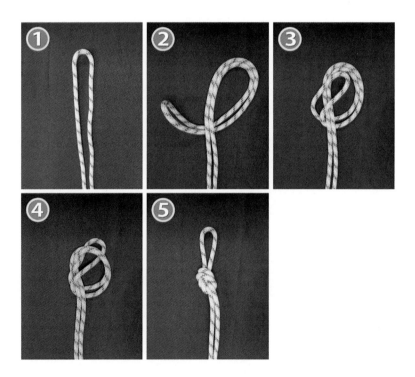

3. 8자 매듭/
figure 8 knot

8자 매듭입니다. 8자 매듭은 옭매듭보다 풀기 쉬워 여기저기 굉장히 많이 쓰이는 매듭이기 때문에 꼭 필요한 필수 매듭입니다.

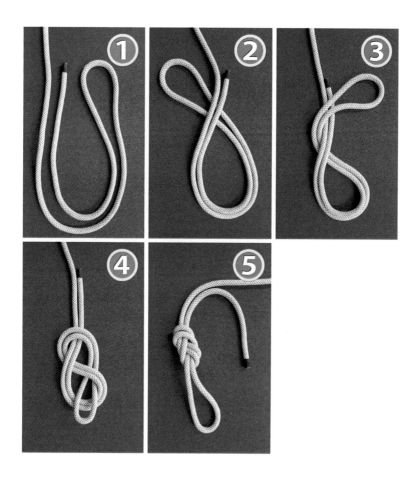

4. 고리 8자 매듭/
figure 8 loop

8자 매듭의 응용 매듭으로, 8자 매듭 후 고리가 만들어지도록 해 주면 됩니다. 이 때 중요한 것은 정확한 모양이 나와야 한다는 것인데요, 영상을 잘 보시고 정확하게 연습해 주세요. 잘못 묶으면 나중에 풀 때 굉장히 어렵습니다.

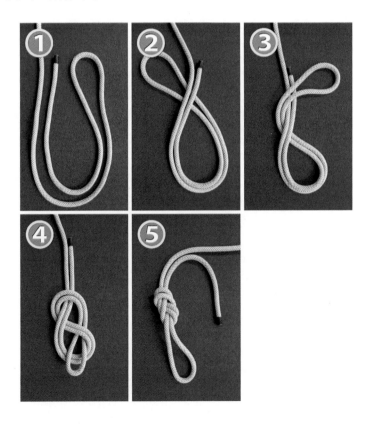

5. 8자 되감기 매듭/
figure 8 follow loop

8자 되감기는 사방이 막혀있는 사물에 8자 매듭을 써야할 때 필요한 매듭법입니다. 난이도가 있으니 시간을 들여 자세히 살펴보세요.

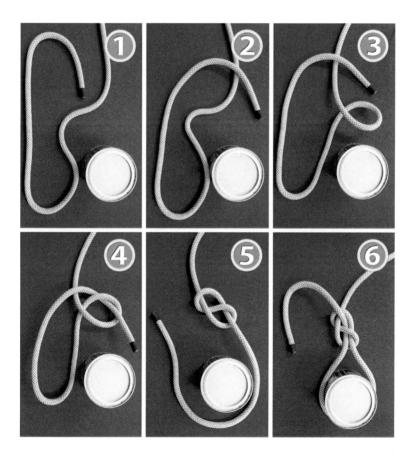

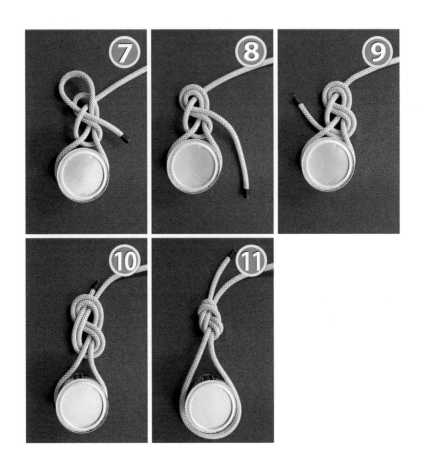

6. 8자 연결매듭/
figure 8 bend

8자 연결매듭은 8자 되감기 매듭과 비슷한데요, 줄과 줄을 연결하거나 한 줄의 양쪽 끝을 연결해서 슬링을 만들 때 이용하는 매듭입니다.

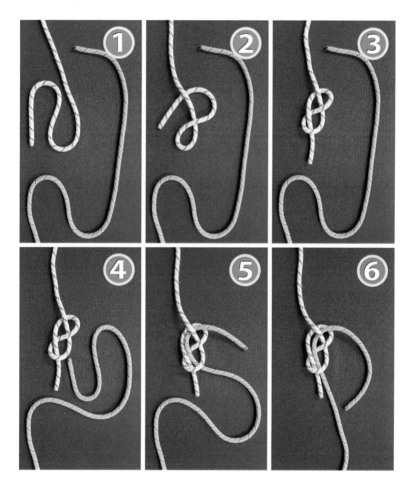

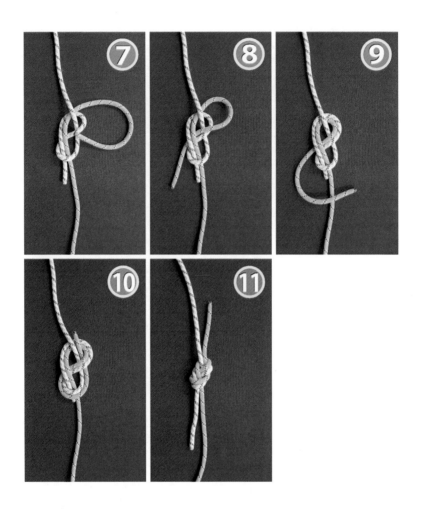

7. 걸매듭/ girth hitch

걸면 걸리는 걸매듭입니다. 여러 모로 활용도가 굉장히 높아서, 알아 두시면 실생활에서도 많이 쓰실 수 있을 것 같습니다.

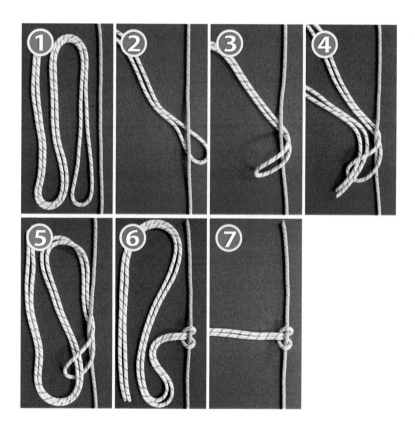

8. 소매듭/
cow hitch

소매듭은 나무 기둥에 소를 맬 때 사용하는 매듭이죠. 생김새는 걸
매듭과 유사한데 매는 방법이 좀 다릅니다. 한 줄만 이용해서 매듭을
짓습니다.

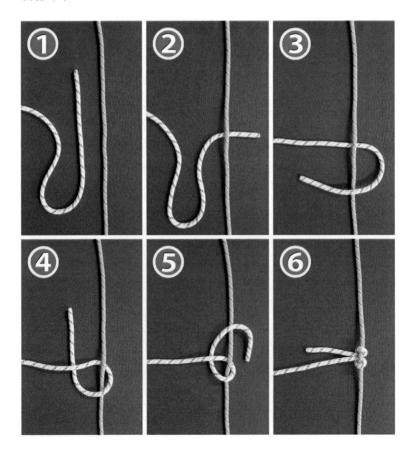

9. 한매듭/
half hitch

주 밧줄을 묶고 난 이후 마무리를 지을 때 많이 사용되는 매듭입니다. 매듭이 풀리는 것을 방지해 줍니다.

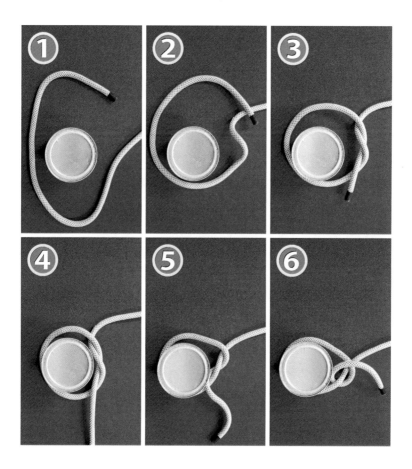

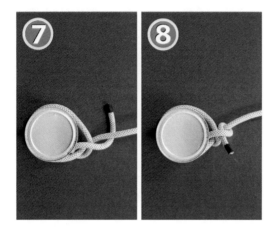

방콕아웃도어 - 숲밧줄놀이편

10, 알파인나비매듭/
alpine butterfly loop

장비를 걸어 두거나 로프 중간에 매듭을 지을 때 사용하는 매듭입니다.

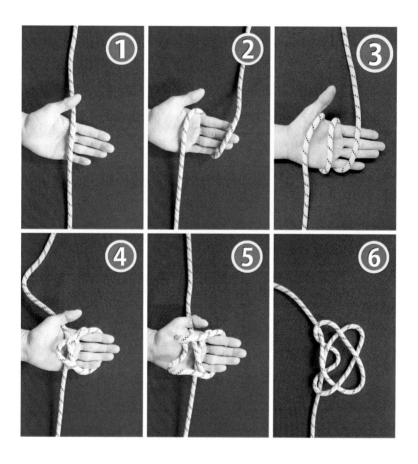

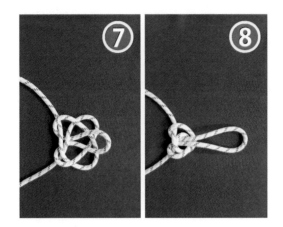

방콕아웃도어 - 숲밧줄놀이편

11. 장구매듭/
fisherman's bend

줄과 줄을 연결해서 슬링을 만들 때 주로 쓰이는 매듭입니다. 낚시를 할 때는 줄을 이어서 길게 만들 때 사용됩니다.

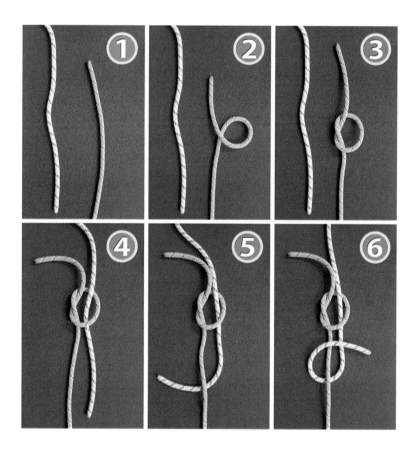

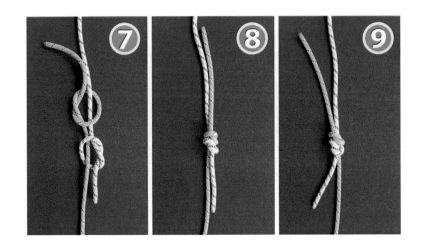

12. 이중장구매듭/
double fisherman's bend

장구매듭처럼 줄과 줄을 이어서 사용할 때 주로 쓰이는 매듭입니다.
밧줄슬링을 만들 때 사용하기에 적절합니다.

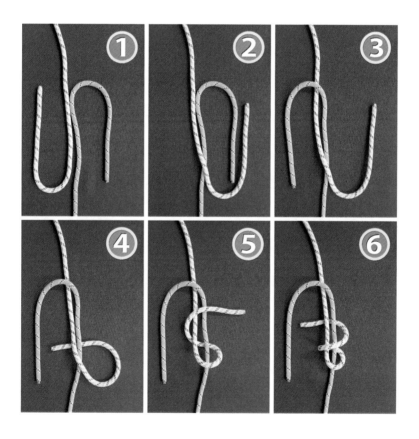

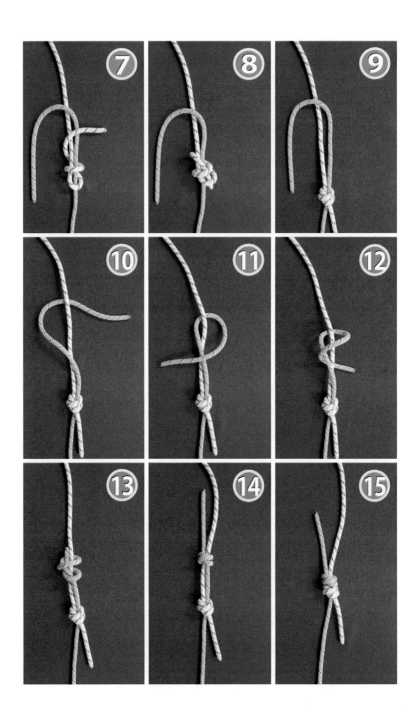

13. 클로브히치/ clove hitch

쉽고 빠르게 매듭이 가능하고 풀 때도 간편한 매듭입니다. 반드시 매듭을 걸 대상물이 있을 때만 사용 가능한 매듭입니다.

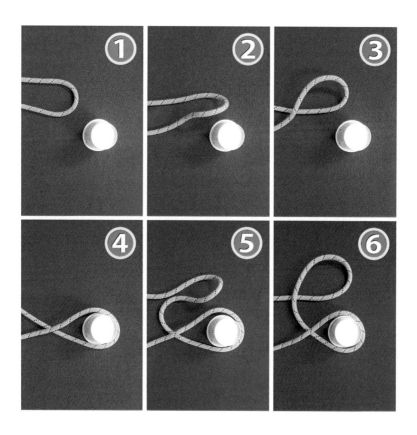

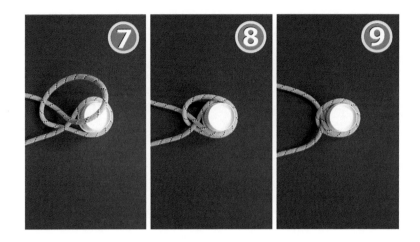

14. 푸르지크매듭/ prusik knot

밧줄의 마찰을 이용하여 주밧줄에 보조밧줄을 걸어주는 매듭법입니다. 보조밧줄의 굵기가 주밧줄보다 얇아야 사용할 수 있습니다.

매듭을 다 묶은 후에는 마찰이 제대로 되고 있는지 보조밧줄을 주밧줄의 수평 방향으로 당겨서 확인해야 합니다.

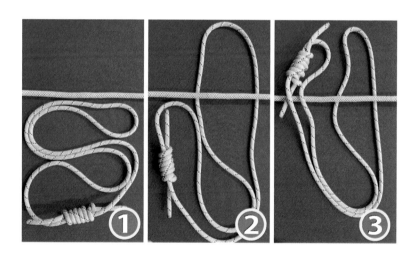

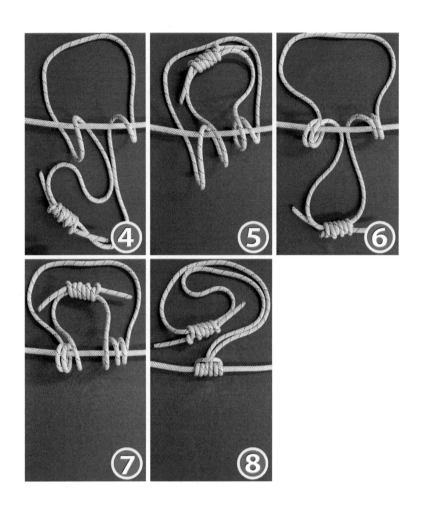

15. 보울라인매듭/
bowline knot

이 매듭은 묶고 난 후에 조여지거나 풀리지 않고 그대로 유지되는 특징이 있습니다. 구조할 때 많이 쓰이며 주밧줄을 나무에 고정할 때도 쓰입니다.

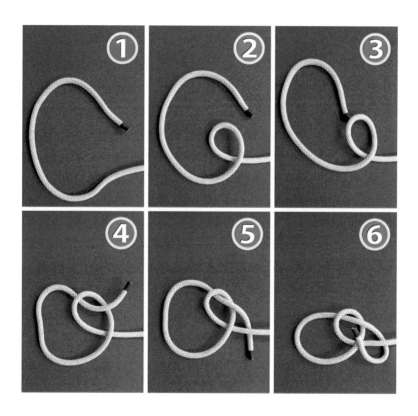

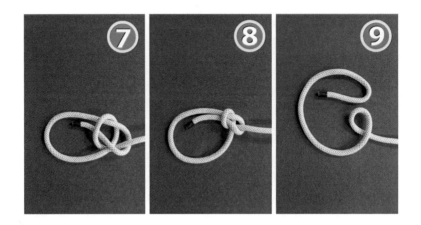

16. 꼰매듭/
timber hitch

꼰매듭은 밧줄을 나무에 고정시킬 때 주로 쓰이는 매듭입니다. 최소 5회 정도 꼬아 주면 되는데 나무가 굵을 때는 더 많은 횟수로 감아 주는 것이 좋습니다.

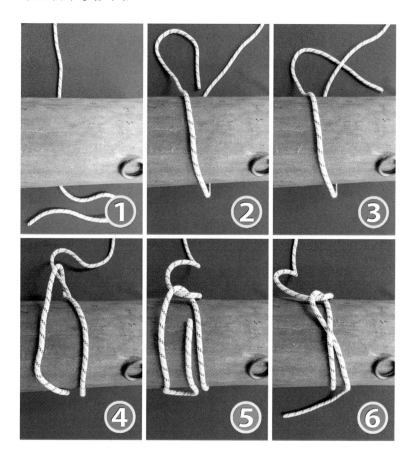

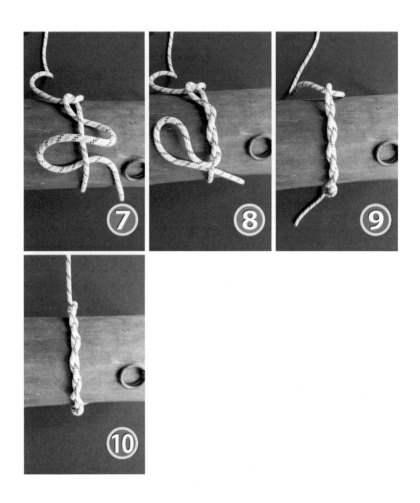

17. 제풀기매듭/
halter hitch

제풀기매듭은 매듭을 재빨리 묶고 쉽게 풀 수 있다는 장점이 있습
니다.

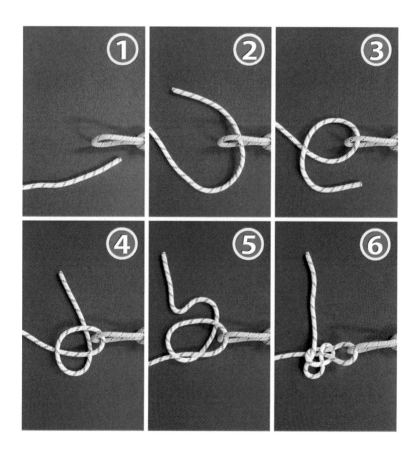

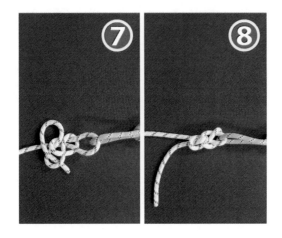

18. 둘러감기매듭/
tensionless hitch

　밧줄로 매듭을 짓고 나면 밧줄이 원래 가지고 있던 인장강도가 일정 비율로 감소하게 됩니다. 하지만 이 둘러감기매듭은 밧줄 인장강도의 손실 없이 밧줄이 가지고 있는 강도를 그대로 유지시켜 주는 특징이 있습니다.

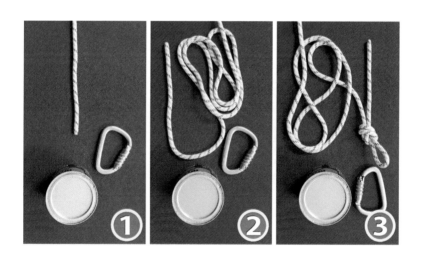

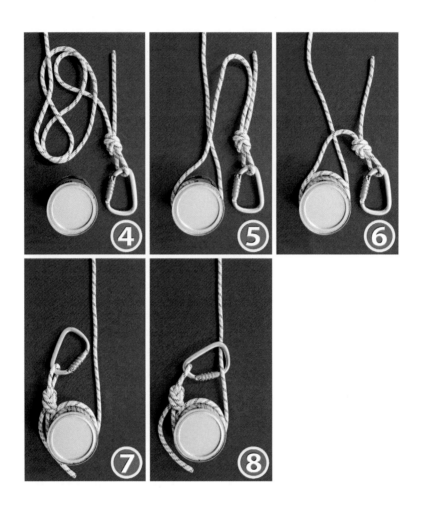

19. 지레매듭/
marlinspike hitch

고를 만들어 등·하강시 안전매듭으로 활용할 수 있으며 고리 안에 나뭇가지를 끼우면 사다리도 만들 수 있습니다.

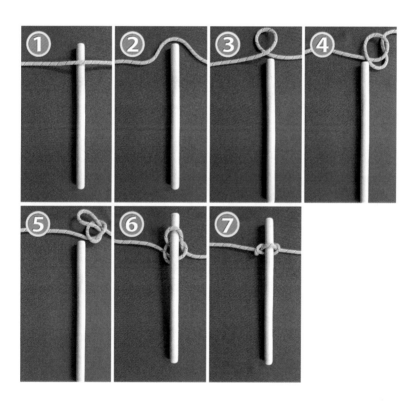

20, 트럭매듭/
trucker's hitch

트럭에 밧줄을 묶을 때 주로 사용하는 매듭으로 숲밧줄놀이에서는 밧줄을 당겨 조일 때 적은 힘으로 더 팽팽하게 밧줄을 당길 수 있도록 해 줍니다.

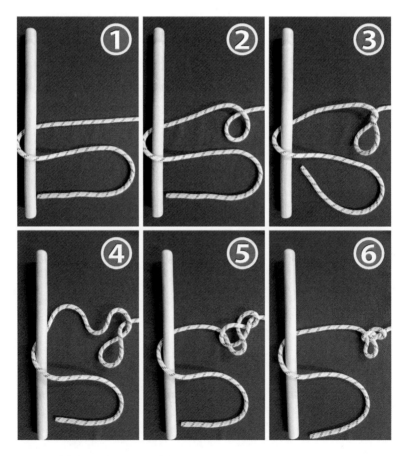

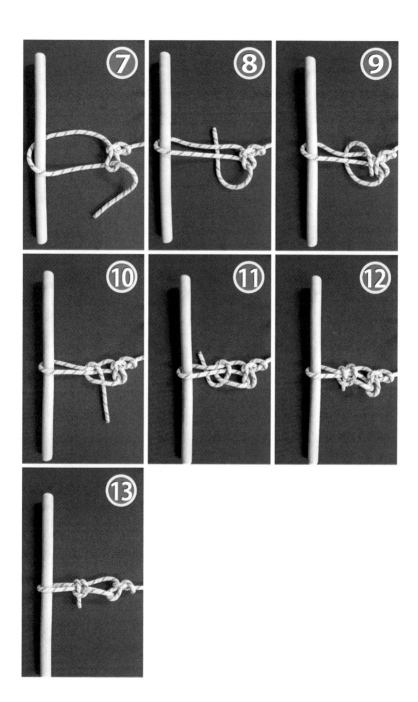

출 처 및 참 고 자 료

- Climbing max & swinging Mary: Forest rope play: Techniques for children and adults (Alexandra Schwarzer, 2019)

- HRD 용어사전 ((사)한국기업교육학회, 2010)

- Outdoor Education (Ken Gilbertson, Human Kinetics, 2006)

- Tree Climber's Guide 3rd Edition (Sharon Lilly, ISA, 2005)

- 누구나 쉽게 묶고 푸는 매듭법 (이케다 출판사, 2011)

- [네이버 지식백과] 놀이 [Play] (한국문학평론가협회, 문학비평용어사전, 2006)

- 산림청 산림입업용어사전 (http://www.forest.go.kr)

- 수목생리학 (이경준, 1997)

- 숲유치원과 숲학교를 위한 밧줄놀이1 (알렉산드리슈바르처, 강성희, 피피엔, 2012)

- 세계의 놀이터 디자인 (카를레스브로토, 2014)

- 초등학생의 신체활동 참여가 학교적응 및 친구관계에 미치는 영향 (김경렬, 2010)

- 한국식물생태보감 1: 생태용어사전 (김종원, 2013)

〈숲밧줄놀이 교육 문의〉

국립평창청소년수련원 / 033-330-0853
https://pnyc.kywa.or.kr

청소년지도자 연수센터 / 041-260-7794
https://www.youth.go.kr/yworker

(사)한국숲밧줄놀이연구회 / 031-576-4985
https://cafe.naver.com/forestrope